Liebe Eltern!

Kinder wollen wissen, was die Welt zusammenhält. Um sich Wissen über die Welt zu verschaffen, brauchen Kinder von Anfang an auch Bücher – Sachbücher.

Viele hervorragende Sachbücher sind für Leseanfänger aber zu schwierig. Gerade weil sich viele Kinder mehr für Sachbücher als für Geschichten interessieren, brauchen sie Sachbücher, die zu ihrer Leseentwicklung und Lesefähigkeit passen.

Wenig Text, eine einfache Sprache, verständliche Begriffe und Erklärungen, anschauliche Fotos, Illustrationen und Grafiken fördern das Leseinteresse und erhalten die Lesemotivation.

So werden Kinder Schritt für Schritt zu selbständigen Lesern.

Prof. Dr. Manfred Wespel,
lesedidaktischer Berater
der arsEdition

David Jay

Das alte Rom

arsEdition

Inhalt

Die Welt der Römer 3

Der Aufstieg Roms 4
Frühe Könige • Senat • Kaiser • Armee

Das Römische Reich 11
Baukunst • Straßen • Gelehrte
Handel • Lateinisch

Alltag in Rom 16
Bürger • Sklaven • Familien • Häuser
Speisen

Götter und Spiele 24
Wagenrennen • Gladiatoren • Tempel
Untergang

Mehr über Rom 30

Stichwörter und Lösungen 32

Die Welt der Römer

Heutzutage verbinden Telefon, Fernsehen und das Internet die Menschen rund um den Erdball. Flugzeuge, Lastwagen und Autos befördern Menschen und Waren durch die ganze Welt.

Vor über 2000 Jahren schufen die Römer eine eigene Welt. Sie bauten Fernstraßen und große Städte, erließen Gesetze und prägten Geld.

Bis heute hat sich die römische Lebensweise erhalten. Unsere Buchstaben und unser Kalender sind römisch. Auch viele Häuser überall auf der Welt sind im römischen Stil erbaut. Doch wie fing eigentlich alles an?

Der Triumphbogen in Paris sieht römisch aus. Findest du in diesem Buch noch mehr Bögen?

Der Aufstieg Roms

Die ersten Römer lebten vor rund 2750 Jahren. Die meisten von ihnen waren Bauern. Sie siedelten auf den sieben Hügeln, die sich heute im Stadtzentrum Roms befinden.

Zuerst herrschten Könige über Rom. Doch den reichen Römern gefiel das bald nicht mehr. Sie setzten den König ab und übernahmen die Herrschaft. Einige von ihnen, die so genannten Senatoren, erließen neue Gesetze und wählten jedes Jahr aus ihrer Mitte zwei Führer.

Der Legende nach hieß der erste König von Rom Romulus. Er und sein Bruder Remus wurden von einer Wölfin groß gezogen.

Die Römer nannten ihre neue Art zu regieren „Republik". Das heißt „Sache des Volks".

Die beiden Führer mussten gut regieren. Wenn nicht, wurden sie im folgenden Jahr nicht wieder gewählt.

450 Jahre lang blieb Rom Republik. Im Lauf der Zeit errichteten die Römer ein großes Reich, das über viele andere Länder herrschte.

Hannibal überquerte die Alpen mit Elefanten.

Nach und nach eroberten die Römer ganz Italien, Spanien und Gallien (das heutige Frankreich). Außerdem führten sie langwierige Kriege gegen Karthago in Nordafrika.

Ein Feldherr der Karthager hieß Hannibal. Mit seiner Armee zog er durch Spanien und Gallien, überquerte die Alpen und kam bis nach Rom. Am Ende jedoch besiegten ihn die Römer und zerstörten Karthago.

Die Römer trieben in den eroberten Gebieten Geld und Güter als Steuern ein. Rom wurde sehr reich.

Auch die römische Armee gewann an Macht und Einfluss. Besonders mächtig wurde Julius Caesar. Viele befürchteten, er wolle König werden.

Als Caesar sich zum Diktator auf Lebenszeit machen ließ, beschlossen einige Senatoren, ihn zu ermorden. Sie umzingelten ihn im Senatsgebäude und erstachen ihn.

Als der sterbende Caesar seinen besten Freund unter den Mördern erblickte, sagte er: „Auch du, Brutus?"

Nach Caesars Tod gab es mehrere Jahre lang einen Machtkampf in Rom. Schließlich wurde Augustus, Adoptivsohn des Julius Caesar, neuer Herrscher.

Ab sofort wurde Rom nur von einem Mann regiert, dem Imperator oder Kaiser. Manche Kaiser regierten vernünftig, zum Beispiel Trajan oder Hadrian. Sie eroberten neue Gebiete und befriedeten das Reich.

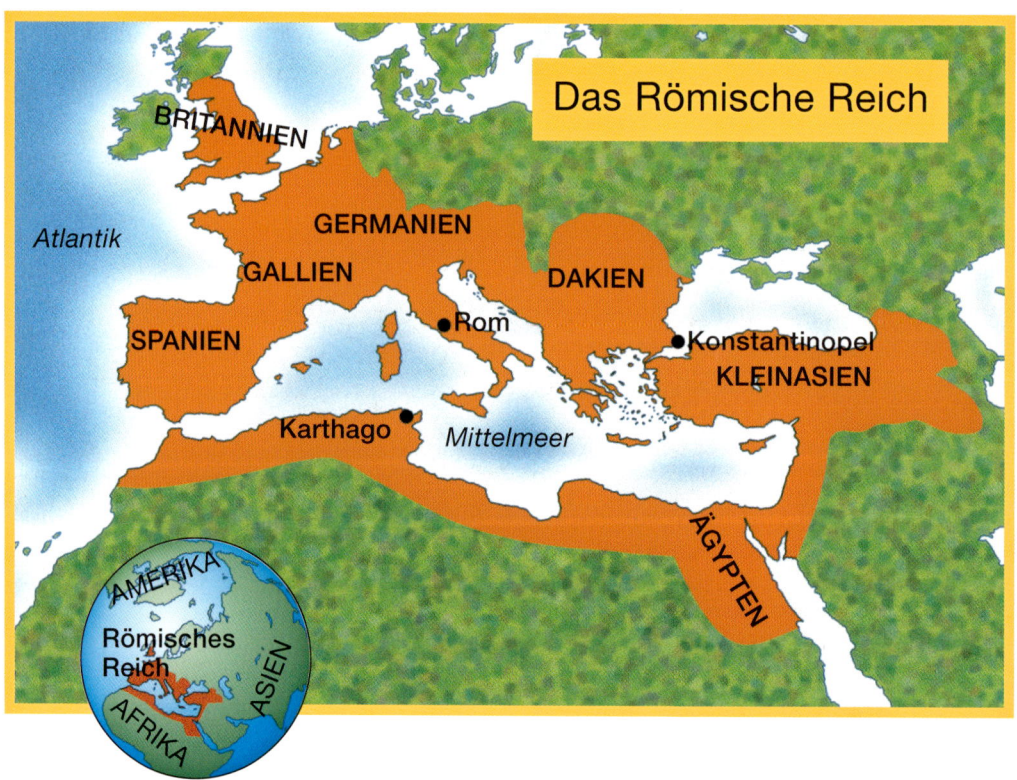

Das Römische Reich

BRITANNIEN

Atlantik

GERMANIEN

GALLIEN

DAKIEN

SPANIEN

Rom

Konstantinopel

KLEINASIEN

Karthago

Mittelmeer

ÄGYPTEN

AMERIKA

Römisches Reich

ASIEN

AFRIKA

Die befestigte Reichsgrenze hieß Limes.

Nicht alle Kaiser waren gute Herrscher. Caligula z. B. muss wohl verrückt gewesen sein. Er hielt sich für einen Gott und ernannte sein Pferd zum Senator.

Doch unter den meisten Kaisern herrschte im Römischen Reich Frieden. Ein dicker Wall mit Gräben, der Limes, schützte es vor Feinden.

Jeder Bewohner des Reiches musste sich an das römische Recht halten und dem Kaiser gehorchen. Wer sich gegen das Reich stellte, hatte die starke römische Armee gegen sich.

Die Armee bestand aus Legionen mit jeweils 5000 Soldaten. Diese Legionen kämpften nicht nur, sondern bauten auch Straßen und Brücken. Über die brückenartigen Aquädukte leitete man Trinkwasser in die Städte.

Ein römischer Soldat mit Rüstung, Helm, zwei Lanzen, Schwert, Schild und seinem Marschgepäck

Die Römer hatten auch Katapulte, mit denen sie schwere Steine bis zu 300 Meter weit schleudern konnten. Auf diese Weise zerstörten sie feindliche Stadtmauern.

Wenn sie ein neues Gebiet erobert hatten, brachten die Römer ihre Beute nach Rom.

Das Römische Reich

Die Römer nannten die eroberten Gebiete Provinzen. Sie verwalteten ihr riesiges Reich sehr gewissenhaft.

Sie schickten Beamte aus, die Steuern eintrieben und die römische Lebensweise verbreiteten. Niemand zahlt gern Steuern. Doch die Römer besteuerten alles – Kaiser Vespasian erhob sogar eine Toilettensteuer!

In den Provinzen nahm man die römische Lebensweise gern an. Überall errichteten die Römer Sportanlagen, Theater, öffentliche Bäder und Wasserleitungen.

Die Römer bauten lange Straßen durch das ganze Reichsgebiet.

In kalten Ländern beheizten die Römer ihre Häuser mit Heißluft, die sie unter die Fußböden leiteten.

Die Römer übernahmen viele Kenntnisse von den Griechen. Sie besaßen bereits verschiedene Maschinen.

Auf der Baustelle wurden Steinblöcke und andere schwere Gegenstände mit großen Kränen gehoben; Getreide mahlte man mit Hilfe von Wasserkraft.

Mit Wasserrädern und schweren Mühlsteinen mahlte man das Getreide zu Mehl und presste Olivenöl.

Siehst du das Wasserrad auf dem Bild oben? Damit wird noch heute eine Ölmühle betrieben.

Auch die Zeitmessung war bereits bekannt. Julius Caesar führte den nach ihm benannten Julianischen Kalender ein. Die Monatsnamen und der Schalttag im Februar haben sich bis heute erhalten.

Auf den römischen Märkten gab es Getreide aus Ägypten, Baumwolle aus Indien, Marmor aus Nordafrika, Seide aus China und Perlen aus Britannien.

In den Provinzen schätzte man die Römer, weil sie den Frieden sicherten und den Transport von Waren erleichterten.

Schiffe aus der ganzen Welt liefen römische Häfen an.

Auf dem Marktplatz, dem Forum, kauften die Menschen ein, machten Geschäfte oder hielten einen Plausch.

Mittelpunkt jeder römischen Stadt war ein großer Platz, das Forum. Hier trafen sich Menschen aus aller Welt, z. B. aus Rom, Spanien, Arabien, Afrika und Gallien.

Neben ihrer Muttersprache konnten die meisten Menschen Lateinisch. Das war die Handelssprache.

Heutige Sprachen wie Französisch, Italienisch und Spanisch stammen vom Lateinischen ab. Auch im Deutschen kommen viele Wörter aus dem Lateinischen, z. B. Nase, Tafel oder Mobile.

Jede Stadt im Reich hatte ein Forum, Bäder und andere öffentliche Gebäude. Kannst du dir denken, was für ein Gebäude hier zu sehen ist? (Lösung auf Seite 32)

Alltag in Rom

Reiche Römer besaßen Land und Gutshöfe.
Nicht ganz so reich wurden Handwerker,
Kaufleute und Beamte. Die meisten Menschen
waren arm. Doch als römische Bürger hatten
sie ein Anrecht auf freie Mahlzeiten.

Unter allen Einwohnern waren nur die Bürger
vollwertige Mitglieder des Reiches. In Rom

Rom, das Herz des Reiches,
war mit einer Million Einwohnern
die größte Stadt Europas.

durften nur die Bürger wählen oder Land besitzen. Das römische Recht bot seinen Bürgern Schutz. Wer einen römischen Bürger verletzte oder bestahl, wurde bestraft.

Überall im Reich wollten die Menschen daher das Bürgerrecht erwerben. Um das Bürgerrecht wurden sogar Kriege geführt.

Sklaven waren meist Kriegsgefangene. Sie wurden wie Tiere auf dem Markt verkauft.

Sklaven hatten keinerlei Rechte. Sie gehörten den reichen Römern, die sie meist schlecht behandelten.

Häufig mussten sie schwere und gefährliche Arbeiten verrichten, etwa im Bergbau. Andere arbeiteten mit angeketteten Füßen im Straßenbau. Manche Sklaven hatten Glück: Man schenkte ihnen die Freiheit.

Oberhaupt der römischen Familie war der Vater. Seine Frau, seine Kinder und seine Sklaven mussten ihm gehorchen.

Die römischen Frauen hatten nicht die gleichen Rechte wie die Männer. Sie bekamen weder gut bezahlte Arbeit noch durften sie wählen. Im Haus mussten sie schwer arbeiten und meist viele Kinder versorgen.

Nur die Söhne aus reichen Familien besuchten die Schule. Sie lernten lesen, schreiben und Reden halten. Die übrigen Kinder wurden, wenn überhaupt, zu Hause unterrichtet.

Die meisten Römer trugen eine einfache Tunika, die bis über das Knie ging, dazu Sandalen oder Stiefel (rechts).

Römische Bürger trugen darüber die Toga, ein großes Tuch, das lose um den Körper geschlungen wurde (links).

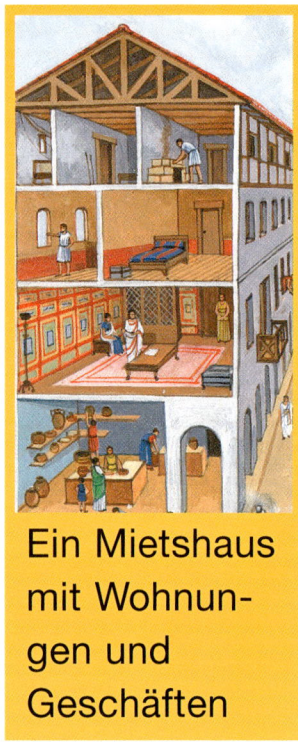

Ein Mietshaus mit Wohnungen und Geschäften

Die meisten Römer lebten in Mietshäusern. Ihre Wohnungen hatten weder eine Heizung noch fließendes Wasser oder Toiletten.

Wohlhabende römische Familien besaßen neben ihrem Stadthaus auch eine große Villa auf dem Land. Eine Villa hatte stets einen schönen Innenhof, das Atrium.

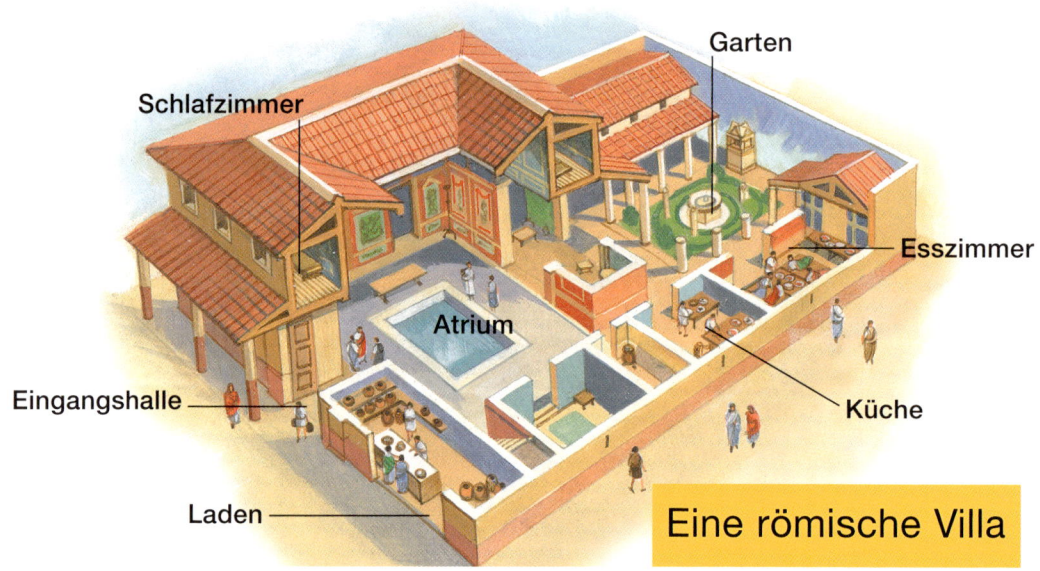

Garten

Schlafzimmer

Esszimmer

Atrium

Eingangshalle

Küche

Laden

Eine römische Villa

20

In den Straßen Roms war es laut, dreckig und gefährlich. Bei Nacht gab es keine Beleuchtung. Reisende mussten sich mit kleinen Lampen behelfen.

Die Bewohner der Mietshäuser holten sich das Wasser aus dem Brunnen oder einer Quelle. Die wenigsten hatten eine Küche. Viele kochten daher nicht selbst, sondern kauften sich kleine Mahlzeiten im Schnellimbiss.

Was siehst du an der Wand links unten? (Lösung auf Seite 32)

Die Römer gingen in die Thermen (Badeanstalt), um zu baden, zu schwimmen oder anderen Sport zu treiben.

In den Thermen konnte man Freunde treffen. Die Reichen verbrachten dort oft den ganzen Tag. Sie verwendeten keine Seife, sondern benutzten Metallschaber und Öl.

Mittags machte man eine lange Mittagspause. Noch heute ist in warmen Ländern wie Italien und Spanien eine solche Siesta üblich.

Öl

Die ärmeren Leute arbeiteten bis Sonnenuntergang und gingen nach einem kurzen Mahl zu Bett.

Schaber

22

Die reichen Römer lagen beim Essen auf Liegen, die rund um einen niedrigen Tisch standen.

Wildschwein

Mit Vögeln gefülltes Wildschwein war eine Spezialität.

Die Römer schnitten das Essen mit dem Messer und aßen es mit den Händen. Eine richtige Mahlzeit bestand aus mehreren Gängen mit Gemüse, Fleisch, Fisch, Obst und Gebäck. Unersättliche übergaben sich zwischendurch und aßen danach weiter.

In den meisten Haushalten gab es Wurst und Schinken, frisches Gemüse und Bohnen mit Fischsoße. Die Ärmsten lebten von einem Brei aus Brot und Wasser.

Götter und Spiele

Die römischen Kaiser veranstalteten tolle Vergnügungen für das Volk. Jeden Tag gab es kostenlose öffentliche Speisungen. Damit sollte verhindert werden, dass die Römer unzufrieden wurden und Unruhe stifteten.

Zu den Wagenrennen strömten riesige Menschenmassen ins Stadion und verbrachten dort manchmal den ganzen Tag.

Der Lenker eines Viergespanns musste sehr geübt sein, um die Pferde im Zaum zu halten.

Noch beliebter waren blutige Gladiatorenkämpfe, die im Amphitheater stattfanden. Gladiatoren waren

Das Kolosseum in Rom konnte man fluten, um Seeschlachten auszutragen.

Schwertkämpfer, die auf Leben und Tod gegeneinander kämpften. Manche traten auch gegen wilde Tiere an.

War der Kampf zu Ende, bejubelte das Publikum den Sieger. Verlierer wurden ausgepfiffen. Wenn der Kaiser nun den Daumen senkte, durfte der verwundete Gladiator weiterleben. Zeigte er mit dem Daumen zur Brust, musste er sterben.

Die Fußböden der Villen waren oft mit kunstvollen Mosaiken aus unzähligen farbigen Steinchen belegt.

Wohlhabende Römer hatten viel Freizeit. Sie lasen Gedichte und sahen sich gern Theaterstücke an. Es gab viele Feiertage, die den Römern sehr wichtig waren. Denn sie glaubten, dass die Götter Macht über ihr Leben hatten.

Im Tempel versuchten die Priester, die Götter mit Opfergaben und Gebeten gnädig zu stimmen. Zu Hause beteten die Römer zu ihren Familiengöttern.

Die Römer glaubten an viele Götter. Die zwölf wichtigsten leiteten sie von den griechischen Göttern ab.

Im Pantheon, einem großen Tempel in Rom, beteten die Priester zu allen Göttern.

27

Fremde Völker durften ihre Götter behalten, solange sie gleichzeitig den römischen Kaiser anbeteten. Dem widersetzten sich die Christen. Weil sie nur an einen Gott glaubten, wurden sie vom römischen Kaiser verfolgt.

Nach und nach verbreitete sich der christliche Glaube in Rom, besonders unter den Frauen, Sklaven und fremden Völkern. Nach langer Zeit der Verfolgung durften die Christen schließlich ihren Glauben ausüben.

Im Lauf der folgenden Jahrhunderte hatten die Römer mit vielen Problemen zu kämpfen. Die Hunnen und andere Eindringlinge griffen das Reich an und zerstörten schließlich Rom.

Vor etwa 500 Jahren wurde Rom wieder aufgebaut. Heute ist Rom die Hauptstadt Italiens. Wenn du diese prächtige Stadt besuchst, kannst du dir das alte Forum ansehen, das einst der Mittelpunkt der römischen Welt war.

Viele Christen wurden getötet oder im Kolosseum den Raubtieren zum Fraß vorgeworfen.

Mehr über Rom

Viele Einrichtungen und Erfindungen der Römer gibt es noch heute. Weißt du, welche? Die drei Bilder geben dir Hinweise (Lösung auf Seite 32).

Schwierige Begriffe

Amphitheater: Römisches Rundtheater für Tierhetzen und Gladiatorenkämpfe

Bürger: Angehöriger eines Staates. Die meisten Bürger sind in ihrem Staat geboren.

Diktator: Alleinherrscher; normalerweise auf 6 Monate befristet.

Forum: Marktplatz

Gladiator: Kämpfte im Zirkus zur Unterhaltung der Massen. Gladiatoren waren meist Sklaven, die zum Kampf gezwungen wurden.

Imperator: Kaiser des Römischen Reichs

Katapult: Kriegsgerät zum Schleudern von Geschossen

Kolosseum: Größtes Amphitheater Roms

Lateinisch: Die Amtssprache im Römischen Reich

Legion: Einheit von 5000 Soldaten in der römischen Armee

Limes: Grenzbefestigung des Römischen Reichs

Mosaik: Einlegearbeit aus vielen farbigen Steinchen

Provinzen: Eroberte Gebiete

Republik: Staat ohne König; wird vom Adel oder vom Volk regiert.

Senat: Rat mit 100 bis 600 Mitgliedern (Senatoren), die die Gesetze erließen.

Toga: Obergewand, das nur von römischen Bürgern getragen wurde.

Villa: Großes römisches Haus, meist auf dem Land.

Konstantinopel

Kaiser Konstantin (links) gründete die neue Reichshauptstadt Konstantinopel (früher Byzanz, heute Istanbul). Nach dem Untergang Roms blieb die römische Kultur in Konstantinopel noch 1000 Jahre lang lebendig.

Die Planeten

Die Planeten unseres Sonnensystems tragen die Namen römischer Götter. Venus z. B. war die Göttin der Liebe, Jupiter der Göttervater.

Venus

Jupiter

Römische Ziffern

Noch heute sieht man manchmal römische Ziffern, z. B. in Datumsangaben und auf Zifferblättern von Uhren. Wenn XV (10 + 5) 15 ist, was ist dann XVIII? (Lösung auf Seite 32)

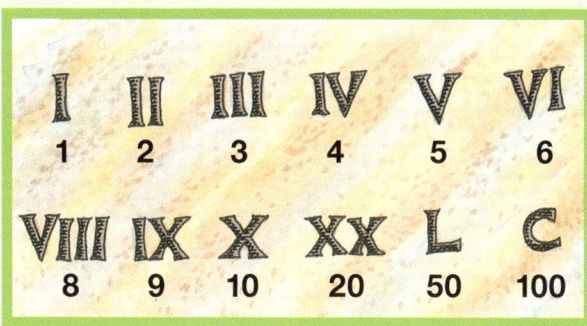

Wer war zuerst da?

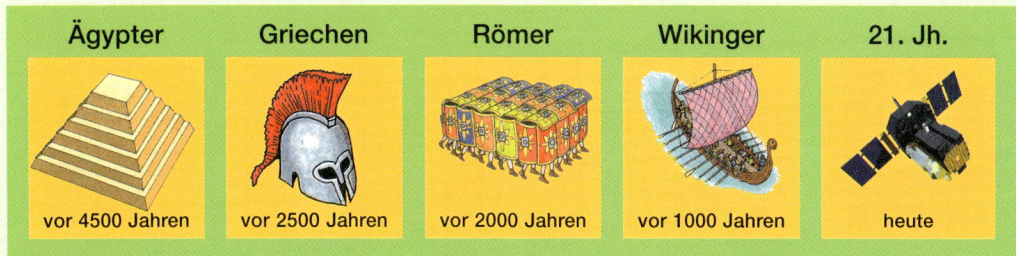

Ägypter	Griechen	Römer	Wikinger	21. Jh.
vor 4500 Jahren	vor 2500 Jahren	vor 2000 Jahren	vor 1000 Jahren	heute

Amphitheater 11, 15, 25, 32
Aquädukt 10
Armee 6, 7, 9, 10, 30
Atrium 20
Augustus, Kaiser 8

Bad, öffentliches 11, siehe auch Thermen
Brutus 7
Bürger 16, 17, 30

Caligula, Kaiser 9
Christen 28, 29

Diktator 7, 30

Feiertage 23
Forum 14, 15, 29, 30

Gallien 6, 8, 15
Gesetze 4, 9, 17, 30

Gladiator 25, 30
Göttinnen und Götter 9, 26-28, 31

Hadrian, Kaiser 8
Hafen 13
Handel 13, 15, 16
Hannibal 6
Hunnen 29

Imperator 8, siehe auch Kaiser
Italien 29

Julius Caesar 7, 8, 13
Jupiter 26, 31

Kaiser 8, 9, 24, 25, 28, 31
Kalender 13
Karthago 4, 6, 8
Katapult 10, 30
Kolosseum 25, 29, 30

Könige 4, 5, 30, 31
Konstantinopel 8, 31

Lateinisch 15, 30
Legion 10, 30

Markt 14, 30
Maschinen 12
Mittelmeer 8
Mosaik 26

Oliven 12
Opfer 26

Pantheon 27
Priester 26, 27
Provinz 11, 30

Republik 5, 30
Romulus 4
Rüstung 10

Schrift 3, 19
Senat 4, 7, 9, 30
Sklaven 18, 19, 28, 30

Steuern 11
Straßenbau 10, 11

Tempel 11, 26
Theater 15
Thermen 15, 22
Toga 19, 30
Trajan, Kaiser 8
Triumphbogen (Paris) 3
Tunika 18

Venus 31
Vespasian, Kaiser 1
Villa 20, 30

Wagenrennen 24

Ziffern, römische 31

Lösungen

Seite 15: Es ist ein Theater.
Seite 21: Römische Graffiti – schon die Römer schrieben gern ihren Namen und unanständige Sprüche an die Wand.
Seite 30: Folgende Dinge gibt es auch heute:
1. Ein dichtes Straßennetz,
2. Gebäude im römischen Stil (hier der US-Senat),
3. Bargeld, das in vielen Ländern Gültigkeit hat, z. B. der Euro,
4. öffentliche Theater und Bäder,
5. den julianischen Kalender.
Seite 31: Die Zahl XVIII entspricht $10 + 5 + 3 = 18$.

Bildnachweis:
Illustratoren: Stephen Sweet - SGA, Pete Roberts, Steve Caldwell, Norma Burgin – Allied Artists, Peter Kesteven, Dave Burroughs, Gerald Wood, Stephen Sweet, Ivan Lapper, Mike Lacey.
Fotos: S. 1, 3, 9, 15, 30 links: Spectrum Colour Library; 12: Charles De Vere; 26: Eye Ubiquitous; 30 Mitte: James Davis Travel Photography.

Die Deutsche Bibliothek – CIP-Einheitsaufnahme

Das alte Rom / David Jay.
Aus dem Engl. von Anne Emmert. - München : Ars-Ed., 2002
(Wissen der Welt) Einheitssacht.: Ancient Romans <dt.>
ISBN 3-7607-4761-2

1. Auflage 2002

Redaktion der Originalausgabe: Jim Pipe
Bildredaktion: Brooks Krikler Research
Design: Flick Killerby Book Design and Graphics
Wissenschaftliche Beratung: Wendy Cobb, Dr. Rhiannon Ash

Aus dem Englischen von Anne Emmert
Redaktion der deutschen Ausgabe: Magda-Lia Bloos/Ulrike Hauswaldt
Textlektorat der deutschen Ausgabe: Ulrike Hauswaldt
Lesedidaktische Beratung: Prof. Dr. Manfred Wespel
Satz und Herstellung: Detlef Schuller
Umschlaggestaltung der deutschen Ausgabe: Eva Schindler

ISBN 3-7607-4761-2

www.arsedition.de